29.

AMPLE

DISCOVRS DES ACTES DE POISSY.

Contenant le commencement de l'assemblee, l'entree & issue du Colloque des Prelats de France, & Ministres de l'Euangile: l'ordre y gardé: Ensemble la Harãgue du Roy CHARLES IX.

Auec les sommaires, poincts des oraisons de Mõsieur le Chancelier, Theodore de Besze, & du Cardinal de Lorraine.

PSAL. LXXXVI.

Mon Dieu monstre moy tes voyes,
A fin qu'aller droit me voyes,
Et sur tout, mon cœur non feint
Puisse craindre ton Nom saint.

M. D. LX.I

.IX.

AMPLE DISCOVRS DES ACTES DE POISSY.

ESSIEVRS les Prelats de Frãce, Cardinaux, Archeuesques & Euesques iusques au nombre de quarante à cinquãte, auec plusieurs deputez par les autres absens & deleguez des chapitres, estans assemblez au grand refectoir des religieuses de Poissy, le Roy s'y trouua auec la Royne sa mere, Mõsieur d'Orleans, son frere, ma dame Marguerite sa sœur, & le Roy de Nauarre, Monsieur le Prince de Condé, les Princes du sang, & autres grands Seigneurs. Le Roy estoit assis au hault bout de la salle en sa chaire. De costé dextre estoit monsieur d'Orleans son frere, & le Roy de Nauarre: du senestre, la Royne, & ma dame, sœur du Roy. Il y auoit du long de la salle d'vne part & dautre deux bancs: sur lesquels estoyent assis les Prelats, assauoir du costé dextre, les cardinaulx, de Tournon, de Lorraine, & de Chastillon: les Archeuesques, de Bourdeaux, & d'Ambrun, & plusieurs Euesques de suyte selon leurs antiquitez & preeminences. Au senestre estoyent les cardinaulx, d'Armignac, Bourbon, & Guyse, & les autres Euesques. Il y entra grand nombre de Theologiens accompagnans lesdits Prelats & autres gens, mesmement de robbe longue. Puis faisans tous silēce, le ieune Roy Charles IX. leur parla en telle maniere:

Harāgue du Roy.

Messieurs, vous estes assez aduertis des troubles qui sont en ce Royaume sur le faict de la Religion. C'est pourquoy ie vous ay fait assembler en ce lieu, à reformer les choses que vous verrez y estre à reformer, sans passiō quelconque, ny regard aucun de particulier interest: mais seulement de l'honneur de Dieu, de l'acquit de noz consciences & du repos public. Ce que ie desire, tant que i'ay deliberé que vous ne bougiez de ce lieu, iusques à ce, que vous y ayez donné si bō ordre, que mes subiects puissent desormais viure en paix & vnion les vns auec les autres, cōme i'espere que vous ferez. Et ce faisant me donnerez occasion de vous auoir en la mesme protection qu'ont eu les Rois mes predecesseurs.

Quand le Roy eut ainsi parlé, il cōmanda à monsieur le Chancelier declarer plus au long son intention à la compagnie, & le feit asseoir sur vne scabelle assez auant en la salle vers le costé droit. Lequel obeïssant à ce qui luy estoit commandé, commença par l'aage du Roy: disant, que si elle luy eust peu

Diuine harangue de mōsieur le Chancelier.

permettre, il leur eust luy mesme remõstré amplement sa volonté, & le desir qu'il a de voir une bõne union & trãquillité entre ses subiets : & assisteroit continuellement en ceste compagnie: esperãt, qu'il en sortiroit pareil fruict que sortit par la remonstrance de Constantin le grand au Cõcile de Nice, auquel il presida: Qu'ils estoyent là assemblez, comme ils auoyent desia peu entendre par le propos du Roy, à fin de proceder à la reformatiõ des mœurs & de la doctrine: ainsi qu'auoyent mõstré vouloir faire les feuz Rois Henry & Frãcois ses pere & frere: ce qu'ils n'auoyent peu executer preuenuz de la mort. Les Rois estre commis de DIEV, pour gouuerner son peuple, & la plus part de leurs intentions estre regies par sa Prouidẽce: Estre à croire, que sa bonté ayt mué les mœurs de noz Princes, de remedier au mal pullulant par ce Royaume : Qu'en pouruoyant à cecy , il ne fault imiter le medecin:lequel appelé pour guarir vne griefue maladie, vse de remedes allegeans le patient pour quelque tẽps seulement , ains conuient cercher la cause & origine pour l'oster & deraciner du tout: Qu'il ne conuient en ce attendre le Cõcile general & vniuersel qui se pourra faire, mais non si tost que noz affaires requierent: veu que les vns Princes differẽt d'y enuoyer, les autres n'y veulent aucunement entendre : Estre meilleur ce pẽdãt pour guarir vne si griefue maladie, que voyons croistre de iour en iour, vser de noz remedes presens & domestiques , sans en attendre de lointains & estrangiers , pour crainte que tout ne se gaste auant qu'ils arriuent: resemblãt à ceux qui ont perdu le goust, & laissent les bonnes herbes croissantes *en leurs iardins, pour en aller cercher en Egypte & aux Indes: Le Medecin, qui a cogneu le malade en santé, estre plus propre à le guarir, & ordonner les remedes conuenables, que celuy qui ne les veit onques: Le Concile general auoir à se tenir par gens la plus-part estrangers, nõ cõgnoissans noz affaires: Que quãd le Pape mesme y vouldroit entendre, il seroit contraint s'ayder d'eux: Qu'ils sont tous peres, freres, parens, & amis des malades, cognoissans de long temps l'vn l'autre, & les penseront mieux que ne feroyent les estrangers: Partant n'estre besoin attendre vn Concile general pour se reformer: Quant à ce qu'aucuns disoyent qu'il ne se fera rien par ceste voye, & qu'on ne doit tenir deux Conciles en mesme temps, il dit, n'estre la premiere fois que l'on en ayt veu deux ensemble: Qu'on pourra rediger par es-*

cript

cript les resolutions, qui se prẽdront icy, & les enuoyer par cayers au Pape, pour les soubscrire: Cela auoir esté obserué en beaucoup de Conciles prouinciaux assemblez, par l'autorité de Charlemagne aux villes d'Orleãs, Arles, & Aix: Souuent l'erreur semé en l'Eglise par les generaulx, auoir esté osté par les prouinciaux, tesmoing le Concile d'Arminin, depuis lequel S. Hilaire Euesque de Poictiers, assẽbla par-deça secrettemẽt de dix en dix Euesques. & fut moyen de tenir vn Concile: par lequel l'heresie Arrienne fut iettee hors des Gaules: Parquoy ils ne doyuent douter d'aussi bien faire, & possible mieux en ce Cõcile national, qu'au general, mesmemẽt fauorisant à vne tãt louable entreprinse la volonté du Roy, qui employra toute sa puissance & autorité pour executer ce qu'ils y feront par meure &

ſainte deliberatiõ: Le premier & principal moyen eſtre, d'y proceder par humilité, & tout ainſi qu'ils y ſont aſſemblez de corps, y eſtre auſsi vniz d'eſprit: Ce qui aduiendra, ſi chacun d'eux ne s'eſtime point par deſſus l'autre: & que les plus ſçauans ne meſpriſent leurs inferieurs, ny les moins doctes portent enuie aux autres: Si lon laiſſe toutes ſubtiles & curieuſes diſputes, à l'exemple d'vn bon hõme, cognoiſſant DIEV tant ſeulement, & ſon fils crucifié: qui par ſa ſimplicité amena l'erreur de pluſieurs grands philoſophes & Dialecticiens aſsiſtans au Concile de Nice, qui gaſtoyent tout par leurs altercations, leur remonſtrant que Ieſus Chriſt & ſes apoſtres n'auoyent vſé de tels moyẽs pour reduire le monde: N'eſtre beſoin auſsi de pluſieurs liures, ains de bien entendre la parole de DIEV, & ſe con-

former à icelle le plus qu'on pourra: Oultre-plus, qu'ils ne doyuent estimer ennemis ceux, qu'on dit de la nouuelle religiō, qui sont Chrestiens comme eux & baptizez, & ne les condamner par preiudices, mais les appeler, cercher, & recercher: ne leur fermer la porte, ains les receuoir en toute douceur, & leurs enfans, sans vser contre eux d'aigreur & opiniastreté: prenant exemple à Alexandre patriarche d'Alexandrie: lequel par son arrogance perdit Arrius: & à Nestore Patriarche de Constantinople, qui tomba par-apres en plus grande heresie: Qu'ils poysent bien de quelle importāce est de les laisser iuges en leur cause, & pourtant essayent se monstrer sans reprehēsion: S'ils iugent bien, & sans affection, ce qu'ils decerneront, sera gardé: mais s'il y a de l'auarice ou ambitiō, ou faute de crainte de DIEV, rien ne s'en tiendra: Finablement, qu'ils doyuent bien remercier DIEV, du loysir qu'il leur donne de se recognoistre, Et qu'en faisant autrement, s'assceurent qu'il y mettra la main: & qu'eux-mesmes les premiers sentiront son iugement, auec infiniz maulx & calamitez.

Harãgue du Cardinal de Tournon.

Adonc monsieur le Cardinal de Tournon, president en icelle compagnie des Prelats, comme le plus ancien, & Doyen du college des Cardinaulx, & Primat de France, à cause de son Archeuesché de Lyon, respõdit, remerciãt DIEV, de la grace qu'il luy faisoit & à la compagnie de se veoir assemblez pour vn si bon effect: Il remercia pareillement le Roy, la Royne, & les Princes du sang, de l'hõneur qu'ils faisoyent à ceste assemblee, d'y vouloir assister, & faire proposer choses si saintes, comme auoit deduites mõsieur le Châcellier tant doctement, sagemẽt & bien qu'il n'estoit possible mieux. Au surplus qu'il s'estoit preparé pour respondre aux poinctz principaux portez par les lettres à eux enuoyees, à fin de se assembler en ce lieu: pensant qu'on les deust proposer, & en auoyent arresté memoires: mais que estans maintenant proposees plusieurs autres choses de grande importance, ausquelles ne pourroit promptement respondre, & quant bien le pourroit, il ne le voudroit entreprendre seul, sans l'aduis de la cõpagnie. A raison dequoy il requeroit, que monsieur le Chancelier baillast sa proposition par escript, & qu'il leur fut dóné loysir d'en deliberer. A quoy monsieur le Chancelier respondit qu'il n'estoit besoin la bailler, & que chacun l'auoit peu entẽdre. Le Cardinal insista qu'il la baillast, mesmement pour la monstrer aux autres Eue[illegible]ques, qui n'auoient esté au commencem[illegible]ent, & qui venoyent de iour à aut[illegible]e : neantmoins monsieur le Chancelie[illegible] s'excuse encores.

Harãgue de Theodore de Besze.

En-ap[illegible]s, Theodore de Besze s'agenouilla,[illegible] semble toute la compagnie des Minis[illegible]res: & commença son oraison par la [illegible]nfeßion de la foy : puis remercia le [illegible]y de leur auoir donné audience en [illegible]e telle & si sainte entreprise, pria[illegible] edit Sieur de receuoir leur seruice po[illegible]ggreable. Il refute ce que on leur m[illegible]it sus, asçauoir qu'ils estoyent g[illegible] turbulents, ambitieux, adonnez à [illegible] sens, ennemis de trãquillit[illegible], voul[illegible]s renuerser tout le monde pour en f[illegible] vn autre à leur façon, & despouille[illegible] cuns de leurs biens : Il remonstre [illegible]ncor qu'ils soyent petis & les plus co[illegible]nptibles du mõde, si est-ce que la conſcience de leur bonne & iuſte cauſe leur donne aſſeurance, priant meſſieurs les Prelats les receuoir benignement à ceſte conference, & ne penſer qu'ils ſoyent venuz pour maintenir quelque erreur, mais pour deſcouurir & amender le default ou d'vn coſté ou d'autre, nõ pas, comme l'on eſtime, pour ruiner l'Egliſe de DIEV, laquelle ils deſirent eſtre ramparee & remiſe en ſon premier & deu eſtat: & que les troupeaux eſpars & diſſipez ſoyentralliez & recueillız en la bergerie du ſouuerain Paſteur. Il monſtre que le differẽt d'entre-eux & les Prelats, eſt de grande conſequence: & qu'ainſi qu'ils accordent en quelques poincts principaux de la foy Chreſtienne, auſsi ſont ils differens en vne partie d'icelle: Qu'ils cõfeſſent vn DIEV ſeul en vne meſme eſſence infinie & incomprehenſible, di-

stinct en trois consubstãcielles & egales personnes en tout & par tout: Qu'ils confessent vn seul Iesus Christ vray DIEV & vray homme: lequel entant qu'il est homme, il n'est fils de Ioseph, mais est cõceu par la vertu secrette du S. Esprit au ventre de la bienheureuse vierge Marie: Qu'ils confessent sa natiuité, sa vie, sa mort, sa resurrection, sa descente aux enfers, son ascension: Qu'il est là hault au ciel, assis à la dextre du Pere, dõt il ne bougera qu'il ne vienne iuger les vifs & les morts: Qu'ils croyent au S. Esprit: Qu'ils croyent qu'il y a vne sainte Eglise catholique, qui est la compagnie & communauté des Saincts, hors laquelle il n'y a point de salut: Qu'ils s'asseurent de la remissiõ gratuite de noz pechez au sang de Iesus Christ: par la vertu duquel nous iouyrons auec DIEV, de la vie

eternelle:

eternelle: Qu'il y a different entre eux & les Ecclesiastiques, quant à l'interpretation des articles de la Foy: & en ce que de long temps on n'a cessé d'adiouter articles sur articles, & qu'on s'est plus arresté aux accessoires qu'au principal: Qu'il n'y a autre satisfactiõ ou purgation en ce monde, ou en l'autre, que l'obeïssance toute entiere & accõplie par Iesus Christ: Que le tiltre pour auoir Paradis, est, du tout s'arrester à la mort & passiõ d'vn seul Iesus Christ, nostre Sauueur & redempteur. Que si en luy seul n'estoit entierement nostre salut, ce nom de Iesus, ne luy seroit propre: Que si nous ne sommes du tout cõplets en luy seul, ce nom de Messias, & de Christ, ne luy appartiendroit point: Qu'il se fault arrester à sa seule parole fidelement preschee, & depuis enregistree par les Prophetes & Apostres:

Que par la Foy seule ils croyent que Iesus Christ auec tous ses biens nous est appliqué: Qu'ils ne separent non plus la Foy de la Charité, que la chaleur & lumiere est separee du feu: Qu'ils ne trouuent autre franc arbitre en l'hõme, que celuy qui est affranchy par la seule grace de nostre Seigneur Iesus Christ: Que la seule regle de iustice & d'obeïssance deuant DIEV, sont les cõmandemens d'iceluy, ausquels ne fault adiouter ne diminuer: Et entant que les œuures procedẽt de l'Esprit de DIEV besongnant en nous, elles doyuent estre appelees bonnes: & aussi d'autant que par icelles nostre DIEV est glorifié, les hõmes sont attirez à sa cognoissance, & sont asseurez, que l'esprit de DIEV estant en eux, ils sont du nõbre des éleuz: Que la vie eternelle nous appartient, par vn don gratuit de

DIEV, & non pour recompense deüe à noz merites: Que tous les thresors de DIEV nous sont communiquez par la vertu du S. Esprit: Qu'ils ne reçoiuent pour parole de DIEV, que la doctrine escrite és liures des prophetes & Apostres, appelez le vieil & nouueau Testament: Que les escripts des anciens Docteurs, & les Concils, auãt que les receuoir, il faudroit qu'on les accordast premierement auec l'Escripture, & puis aussi entr'eux mesmes: Qu'il y a eu Docteurs & Docteurs, Concils & Concils, comme aussi autrefois de faulx Prophetes: Que tous escripts se doyuent approuuer sur ceste pierre de touche de l'Escripture: Qu'il fault regarder seulement à ce, que Iesus Christ a fait deuant tous: Qu'ils recoiuent l'Escripture sainte pour vne entiere declaration de tout ce qui est requis à noſtre ſalut: Que de tout ce qui ſe trouuera es Concils ou liures des Docteurs, on s'en peut aider, pourueu qu'il ſoit fondé ſur l'expres teſmoignage de l'Eſcripture.

Quant au Sacremēts, ce ſont ſignes viſibles: moyennant leſquelz la conionctiō que nous auōs auec noſtre Seigneur Ieſus Chriſt, ne nous eſt pas ſimplement ſignifiee ou figuree, mais auſſi nous eſt veritablement offerte du coſté du Seigneur, & conſequemment ratifiee, ſeellee, & comme engrauee par la vertu du ſaint Eſprit, en ceux qui par vne vraye Foy apprehendent ce qui leur eſt ainſi ſignifié & preſenté: Qu'aux ſacremens il fault qu'il interuienne vne mutation celeſte & ſupernaturelle: Qu'en la Cene, le pain eſt Sacrement du precieux corps de noſtre Seigneur Ieſus Chriſt, qui a eſté liuré pour nous: Et que le vin est Sacrement du precieux sang, qui a esté respandu pour nous: Que ceste mutation ne se fait pas en la substance des signes, mais en l'usage & en la fin pour laquelle ils sont ordonnez: Et qu'elle se fait seulement par la seule puissance & volonté de celuy qui a ordonné toute ceste action tant diuine & celeste: duquel aussi l'ordonnance doit estre recitee hault & clair en langage entendu, & clairement exposee à ceux qui y assistent: Qu'en la sainte Cene il fault cõioindre l'heritage auec les fruicts que nous en prouiẽnent: Et que le pain que nous rompons selon son ordonnance, est la communication du vray corps de Iesus Christ qui a esté liuré pour nous: Et que la coupe dont nous beuuons, est la communication du vray sang, qui a esté respandu pour nous, voire en ceste mesme substance qu'il a prise au ventre de la Vierge, & qu'il a emporté d'auec nous au ciel: Que la Transsubstãtiatiõ ne se raporte à l'analogie & conuenãce de nostre Foy: dautãt qu'elle est directement contraire à la nature des Sacremens: & renuerse la verité de la nature humaine de Iesus Christ, & de son Ascension: & que pareillemẽt la consubstantiation n'a nul fondemẽt sur les paroles de Iesus Christ: & n'est aucunemẽt necessaire à ce que nous soyons participans du fruict des Sacrements: Que pour cela ils ne rendent Iesus Christ absent de la sainte Cene: mais que quant à la distance des lieux, qu'il est eloigné du corps & du vin autant que le plus hault ciel est eloigné de la terre, attendu que nous & les Sacremens sommes en terre, & sa chair est au ciel, tellement glorifiee, que la gloire ne luy a point osté la nature d'vn vray *corps, mais l'infirmité d'iceluy: Qu'encor que le corps de Iesus Christ soit maintenant au ciel, & non ailleurs, & nous en terre, & non ailleurs, ce nonobstant nous sommes faits participans de son corps & de son sang par vne maniere spirituelle & moyennant la Foy, aussi veritablemẽt que nous voyons les Sacremens à l'œil, les touchõs à la main les mettons en nostre bouche, & viuons de leur substance en ceste vie corporelle.*

Quãt au baptesme, qu'ils le reçoiuẽt pour Sacrement institué de DIEV, & confirmé en son fils Iesus Christ: Quant aux autres cinq, ils ne leur peuuent dõner le nom de Sacrement, puisque ils ne les trouuẽt és Escriptures saintes: Qu'ils enseignẽt la vraye penitence, en l'absolution que nous auons au sang de Iesus Christ, & en l'amendement: Qu'ils approuuent mariage en tous ceux qui n'ont le don de continence, à laquelle ne fault astraindre person ne. Qu'ils reçoiuët les degrez des charges Ecclesiastiques, selon que DIEV les a ordonnez en sa maison par sa sainte parole: Qu'ils approuuent les visitations des malades: Qu'ils ne fault iuger personne en la distinction des iours & des viandes, veu que le Royaume de Dieu ne gist en telle choses corruptibles

Quãt à la police de l'Eglise, tout y estre tellemẽt cõfus & ruiné, qu'õ n'y recognoist plus les vestiges & marques de l'ancien bastiment tant bien reglé & compassé par les Apostres; & qu'ils ne desirent sinon qu'elle soit ramenee à sa naifue pureté & beauté: Que des choses y adioutees depuis le tẽps des Apostres de Iesus Christ, entant qu'elles se trouueront contraires à la parole de Dieu, qu'elles soyent abolies, les superflues retranchees,

tranchees, celles qui tirent à superstitiõ, ostees: Que les autres vtiles & propres à edification, soyent retenues & obseruees au nom de Dieu, selon qu'il sera conuenable aux temps, au lieux, & aux personnes, afin que tout d'vn accord DIEV soit seruy par tous en esprit & verité.

Replique du Cardinal de Tournon.

Apres que de Besze eut acheué sa harangue, monsieur le Cardinal de Tournon comme primat & president de ladite assemblee, print au nom d'icelle la parole, s'adreßant à sa Maiesté, en luy remonstrãt comme par son expres commandement ladite assemblee des Prelats auoit pour luy obeir, consenty que ces nouueaux Euãgelistes fussent ouys, non toutefois sans scrupule de leurs consciences, preuoyans qu'ils pourroiẽt dire, comme ils auroient fait, choses indignes de l'oreille d'vn Roy Treschrestien: lesquelles pourroyent, & non sans cause, auoir offensé beaucoup de gens de biẽ, qui estoyent autour de sadite Maiesté. Que ladite assemblee se doubtant, cõme dit est, qu'il en aduiẽdroit ainsi, luy auoit dõné charge de supplier en ce cas treshumblement le Roy, de ne vouloir aucunement croire ny adiouster foy ny aux sens ny aux paroles que celuy, qui auoit parlé pour ceux de ladite nouuelle Religion, auoit dites, & de suspẽdre le iugement qu'il en pourroit faire, iusques à ce, qu'il eust ouy ce que ladite assemblee entendoit luy faire remonstrer au cõtraire: par où elle esperoit que sadite Maiesté & toute l'honnorable cõpagnie, dont elle estoit assistee, pourroit cognoistre la difference qu'il y a entre le mẽsonge, & la verité: la suppliãt leur vouloir donner iour pour cest effet: y adioutant, que sans le respect qu'ils auoyent eu à sadite Maiesté, ils se fussent leuez en oyãt les blasphemes & abominables paroles qui auoyent esté proferees, & n'eussent souffert qu'on eust passé oultre: Et que ce qu'ils en auoyent fait, auoit esté pour obeïr, comme dit est, au commandement de sadite Maiesté.

Responce de la Royne.

La Royne respondit que lon n'auoit rien fait en cela, que par la deliberation du conseil & aduis de la cour de Parlement de Paris: & que ce n'estoit pour innouer ou muer, ains à fin de appaiser les troubles procedans de la diuersité d'opinions en la Religion, & de remettre les foruoyez au vray chemin.

Harãgue du Cardinal de Lorraine.

Le xvi. iour dudit mois de Septembre, le Roy present, luy aßistãt sa mere, le Roy de Nauarre, & autres princes du sang, & grands seigneurs, monsieur le Cardinal de Lorraine, commença son oraison par l'obeïssance que tous subiets doyuent à leur Prince par l'ordonnance de Dieu, duquel, & de son fils Iesus Christ, il constitua ministre, & semblablement de l'Eglise: dedans laquelle il le met, & non au dessus: voulant que les Euesques iugent les Empereurs, Rois, & tous laics, & nō les laics en leur consistoire iugent des Euesques. Puis il mit en auant ces poincts, Que luy & tous ses compagnons recongnoissent le Pape & le siege Apostolic pour leur superieur: Que leurs signes & marques sont accompagnez d'une succession depuis les Apostres iusques à eux tresbien continuee: Que l'Eglise catholique est non seulement des eleuz, mais aussi des pecheurs: Que le troupeau du Seigneur cōtient & brebis & cheures, & moutons & boucs, lesquels ne seront point separez iusques à son retour: Que la predestinatiō est entre les plus haults secrets de DIEV, Que l'Eglise a de beaucoup precedé toutes escriptures: Qu'il ne fault estimer superflue l'authorité de l'intelligence de l'Eglise.

Quant aux conciles, leur authorité & vsage auoir tousiours esté salutaire & profitable à l'Eglise: Estre instituez de DIEV, & de luy prendre son authorité: Le concile estre vne assemblee de tous les pasteurs & docteurs, auparauant dispersez par leurs Eglises: Que la discipline se change, & se changera pour la qualité des lieux, des temps & des personnes: Que tous les bons Peres en vn mesme article ou ensemble, en mesme ou diuers temps dispersez par leurs Eglises, n'ont failly: Qu'és maulx & erreurs fault tousiours auoir recours à l'Eglise Romaine, contee entre les Eglises apostoliques, la premiere & principale: Qu'il fault se soubmettre & assubiettir à ce que les conciles ont ordonné.

Quant au Sacrement de l'autel, le sens de l'Eglise estre tel, Que le vray & vif corps de DIEV, & nostre Seigneur Iesus Christ, & son vray sang, est en ce sacrement present, & y est receu: Que ce Sacrement fait & exhibe ce qu'il figure: Qu'en la celebration de ce Sacrement posé sur l'autel, prins en vsage de religion, par priere mystique consacré, offert & donné, & apres la celebration acheuee, ainsi qu'il appartient, receu à salut spirituel, en memoire de la passion vsé ou consumé, est le corps & le sang de Iesus Christ.

Qu'ils croyent tous, le corps & le sang de Iesus Christ par l'ineffable operatiō de la grace de DIEV, & vertu de son saint Esprit, estre en ces saints mysteres present, exhibé, & receu: A ce Sacremẽt la Foy estre necessaire, la raison superflue. Que ce mot CORPORALITER, se trouue és bõs anciẽs autheurs: Que par la vertu & efficace de ce Sacrement dignement receu, realement & de faict, Iesus Christ se communique à nous par vraye communication & participation de sa nature & substance de son corps & son sang, & que vrayement il y est: Qu'en ce Sacrement nostre Seigneur nous donne sa diuinité, son humanité, auec tous ses biens, thresors, graces, merites, inuisiblement: Que Iesus Christ mõtant au ciel auec sa chair, nous l'a laissee en ces sacrez mysteres: Ce corps Royal au ciel, nous estre proposé en terre, & monstré a voyr, à toucher, à manger. Et pour conclusion de son oraison, il exhorte le Roy à garder les voyes & sentiers de *ses predecesseurs Rois, principalement de François son ayeul, Henry son pere, Francois son frere, promettant de sa part & de ses compagnons, annoncer en leurs Eglises ceste doctrine: & pour icelle soustenir, n'espargner tout leur sang & propres vies.*

Apres que le Cardinal de Lorraine eut acheué, messieurs les Prelatz se leuerent, & s'assemblerent tout à l'entour du Roy, auquel monsieur le Cardinal de Tournon, parla brieuement, en confirmant & approuuant de la part de ladite assemblee, ce que ledit Sieur de Lorraine auoit dit & exposé à sa maiesté, & offrans de le signer si besoing estoit, de leur sang: & protestans de vouloir viure & mourir en ceste foy & creance, comme estant conforme & selon la volonté de nostre seigneur Iesus Christ & de la doctrine de

nostre

nostre mere sainte Eglise, son espouse: supplians treshunblemẽt sa Maiesté, de le vouloir ainsi croire, & y adiouter pleine foy, & perseuerer en la Religion catholicque en laquelle ses predecesseurs auoyent vescu: Et au reste, que si ceux qui s'estoient separez & desuniz de ladite Eglise, se vouloient recognoistre, ou soubscrire à ce que ledit Sieur de Lorraine auoit exposé, specialement touchant l'autorité de l'Eglise, les traditions, saints Conciles, & saints peres, & aussi touchant la verité & reale pureté du corps & sang de nostre Seigneur en la sainte Eucharistie, ils seroyent recueilliz & plus amplemẽt ouis aux autres poincts, où ils disoient aussi vouloir estre instruits: autrement que toute l'audiẽce leur deuoit estre desniee: & que sa Maiesté les deuoit renuoyer, & en purger son Royaume. de quoy il la supplioyt treshumblement au nom de ladite assemblee des Prelats : à fin que on ne veist ny eust en ce Royaume treschrestien, que une foy, une loy, & un Roy.

Or pourautant que quand mõsieur le Cardinal eut peroré, Theodore de Besze feit requeste au Roy, s'il plaisoit à sa Maiesté luy commander ou permettre de respondre sur le champ aux articles mis en auant par ledit Sieur Lorrain, & le Roy ordõna qu'il se tinst prest iusques à un autre iour, ou par ce que la nuict tomboit, ou pour autre certaine cause occulte, ledit de Besze & ses compagnons ministres, voyants que apres plusieurs iours passez on ne s'auançoit en rien, presentent une requeste au Roy & à son cõseil, qu'il fust de son plaisir, les receuoir à ces fins pour en conferer à l'amiable auec messieurs les

Prelats. La requeste plusieurs fois fut repetee & presentee, auāt qu'estre respōduë. Les ministres disoyent par icelle, que puisque il auoit pleu à la maiesté du Roy les appeler de tant loingtains & diuers païs souz la conduite & asseurance d'vne parole Royale, aux fins de remonstrer les erreurs & abuz plantez de long temps, & ia enracinez en l'Eglise par le Pape & ses supposts, & le moyen de les extirper du tout, qui est la seule Parole de Dieu, glaiue flāboyant: Et par mesme moyen, pour en conferer à l'amiable & fraternellement auec messieurs les Prelats de France, là venuz tout expressémēt pour ceste mesme cause (dient ils) de Dieu, touchant de pres son honneur, & restauration de sa sainte Eglise, opprimee & presque du tout accablee & deformee par la tyrannie & inuasion des ministres de Satan, & loups rauissants : qui l'ont despuillee de son naif & naturel ornemẽt, & l'ont desguisee par traditions humaines, mais quelles ? qui ne tendent que à la submerger & noyer, & à abolir de desus la terre le precieux & saint Nom de son espoux Iesus Christ : le tout mené & conduit par la ruse, conseil & ayde de Satan : de sorte, que pour le iourd'huy elle n'a plus que le seul nom d'Eglise, estant despouillee de ses biens, qui sont les biens des poures, desquels se sont emparez ceux qui faussemẽt ont vsurpé le tiltre de Prelats & Euesques depuis le temps que la Papauté a leué la creste en l'Vniuers. Et que c'est l'office du Roy Chrestien, de prendre le bouclier & les armes pour defendre la cause de celuy qui l'a estably en ce throne Royal, & que par les exẽples d'Osias, Ochosias & autres Rois amateurs de

Dieu, il estoit obligé d'employer tout son sens & entendement, forces & puissance pour le restablissement de la parole de Dieu, & de son diuin seruice: Et qu'à luy seul, cōme chef & capitaine de tant de poures ames plongees és abysmes & tenebres d'ignorances ont leur esperance, & recours apres Dieu? Que s'il prend ceste querelle en main à bon escient, s'ils procure l'honneur de Dieu estre gardé inuiolablement, sa sainte parole estre preschee par tout son Royaume terre & Seigneuries, qu'il fera le deuoir d'vn bon & catholique Roy Chrestien: Il sentira la benediction de Dieu sur sa personne: Il verra florir son sceptre en prosperité & grandeur, experimentera la deüe & fidelle obeissance de tous ceux sur lesquels ce bon Dieu l'a eleu Roy.

La requeste fondee sur ces & plu-

sieurs semblables remonstrances & doleances, repetee & iteree par plusieurs fois, à la parfin a esté respondue: mais ce n'a esté sans grande difficulté: parce que la plus part des Prelats ne vouloyent entrer en cāp, ne trouuās ben que la parole de Dieu fust mise en lumiere, preschee & executee en sa pureté & syncerité. Si est ce que q̄lques vns d'ētre eux touchez d'vn bō zele, desirans chāgemēt de vie, & l'auācemēt du Royaume de Dieu, gaignerent la plus forte partie, & fut donné consentement de conferer auec les ministres de l'eglise. lesquels ayant receu ceste tant desiree response, enuoyerēt aux Prelats long temps auant quentrer en ieu, les principaux poincts desquels ils n'accordent auec les Papistes. Or dōc le vingt troisieme de Septembre, le Roy va à Poissy à l'apresdinee accompagné de madame sa mere, du Roy de Nauar

Les Prelats & Ministres entrent en conferēce.

re son oncle, messieurs les Princes du sang ses naturels cousins & conseillers, monsieur le Chancelier, & quelques vns autres grãs seigneurs en petit nombre. Le Roy entre au conclaue, qui est dans l'abbaye des Religieuses, ensemble sa compagnie. là se trouuent messieurs les Prelats, & les Ministres de la parole de Dieu, au nombre de douze de chaque costé. Ils conferẽt à l'amiable iusques à ce que l'heure de la nuit les inuite à se retirer. Le vingtsixieme dudit mois ils feirent le semblable, en la mesme compagnie & solennité. le trẽtieme dudit mois ils continuerent: mais depuis messieurs les Prelats ont conclud à part eux, ne admettre plus outre en disputes les ministres, disans par leurs raisons, que leurs Canons leur defendent de cõferer auec gens d'autre calybre qu'eux: Et qu'ils trouuent par leurs liures (baſtiz de la main des hommes, en l'eſcole du Pape) qu'ils ne doyuent diſputer d'vne choſe qu'ils tiennent pour aſſuree & reſolue: & pour laquelle defendre, ils n'eſpargneroyent leur ſang. Voyla cõment les vicieux obſtinez en leur mal, & toutefois contre leur conſcience (ie dy de la pluſpart) ne vueillent preſter l'oreille à la pure parole de Dieu, ains taſchent par tous moyens abolir le cours de l'Euangile. Toutefois ce bon Dieu, qui ne permettra iamais ſa parole perir, bien qu'elle ſoit ſouuẽt opprimee par les ſatallites de l'Antechriſt, en a appelé quelques vns de ce troupeau ſacerdotal, qui ont cedé à la Verité, & accordé certains poincts touchant la Cene, leſquels ay bien voulu icy repreſenter deuant les yeux & entendement d'vn chacun, afin que le iuſte ne ſoit fraudé de ſon ſalaire, & que le monde puiſſe diſtinguer

& diſcerner

& discerner le grain d'auec la paille. Voicy donq les propres mots de leur confession faite d'vn commũ accord à Poissy entre eux.

Nous Confessõs que Iesus-Christ en sa Saincte Cene, nous presente, donne, & exhibe veritablemẽt la substãce de son corps, & de son sang, par l'operation de son sainct Esprit: Et que nous receuons, & mangeons sacramentallement, spirituellemẽt, & par foy, ce propre corps qui est mort pour nous, pour estre os de ses os, & chair de sa chair, à fin d'en estre viuifiez, & perceuoir tout ce qui est requis à nostre salut. Et pource que la Foy (appuyee sur la parole de Dieu) faict & rẽd presentes les choses promises, & que par ceste Foy, nous prenons vrayemẽt, & de faict, le vray, & naturel corps, & sang de nostre Seigneur, par la vertu du Sainct Esprit, en

L'accord du poinct de la Cene accordez de la part des Ministres & des Sorbonistes.

ceſt eſgard nous Confeſſons la preſence du corps & ſang d'iceluy, en la ſaincte Cene.

Autre reſolution le iour ſuyuant ſur le meſme article.

Entant que la foy rend les choſes promiſes preſẽtes, & que ceſte foy prẽd veritablemẽt le corps & le ſang de noſtre Seigneur Ieſus Chriſt par la vertu du Sainct Eſprit. En c'eſt eſgard nous confeſſons la preſẽce du corps du ſang & de iceluy, en la ſaincte Cene, en laquelle il nous preſente, donne, & exhibe veritablement la ſubſtance de ſon corps & de ſon ſang par l'operation de ſon S. Eſprit, & nous y receuons & mangeons ſpirituellement & par foy, ce corps qui eſt mort pour nous, pour eſtre os de ſes os, & chair de ſa chair, à fin d'en eſtre viuifieZ, & perceuoir tout ce qui s'y reçoit pour noſtre ſalut.

Les prelats qui aſsiſterent à la conference des ſuſdits articles ſont,

Meßieurs de Valēce, & de Sees,

Docteurs Theologiens de Sorbonne,

Meßieurs Desp̄āce, Salignac, & Bouteillier.

Et pour les ministres.

Meßieurs Martyr, de Beze, Saule, Marlorat, & d'Espina.

Lesquels elegamment & briefuement sont compris par ce huitain:

HVITAIN.

Meſsieurs de Valence, & de Sees,
Ont mis les Papiſtes aux ceps.
Salignac, Bouteillier, Deſpance,
Pour ſeruir Dieu quittent la pance.
Marlorat, de Beſze, Martyr,
Font mourir le Pape martir:
Saule, Merlin, Sainct Paul, Spina,
Sont marris qu'encores pis n'ha.

Or donq par ce que les Prelats ont craint la touche, ſe couurant oultre leurs Canons, du pretexte de l'ordonnance du Roy, portant que tous gēs d'Egliſe ayēt

Responſe de Beſze à la harãgue de mõſieur le Cardinal.

à ſe retirer ſur leurs benefices pour y preſider & preſcher, le pas eſt rompu, vne bonne partie d'eux c'eſt ſauuee. Depuis ce temps-là, Theodore de Beſze a fait vne ſecõde Harãgue, à Poiſſy deuãt la Royne mere, le Roy & Royne de Nauarre & autres Princes, le 24. Septẽbre, reſponſiue à l'oraiſon de mõſieur le Cardinal de Lorraine. Par laquelle il remõſtre que il reſpõdra ſeulemẽt ſur les deux poincts de la Confeſſion faite de la part des fideles, mis en auãt dernieremẽt par monſieur le Cardinal de Lorraine, aſſauoir, ſur ce qui concerne l'Egliſe & ſon autorité, & puis ſur la ſainte Cene de noſtre Seigneur Ieſus Chriſt: Priant noſtre Dieu que ſelon ſes grandes miſericordes il luy plaiſe les accorder. Quãt au premier poinct, il le diuiſe en trois membres: Que c'eſt que l'Egliſe: quelles ſont les marques: Quelle eſt ſon autori-

té. En premier lieu, que ce nom d'Eglise grec, est tiré d'vn autre mot, qui signifie autãt qu'appeler d'vn lieu en vn autre: mais qu'il y a deux manieres de vocation. Et à parler propremẽt, ce mot d'Eglise, comprent seulemẽt l'assemblee des eleuz & predestinez de DIEV: & que pareillement il y a deux manieres d'hommes: les vns, membres de Christ & la vraye Eglise, & qui sont la maison mesme: Les autres, sont bien en la maison de Dieu, & si n'en sont point, mais sont comme la paille auec le fromẽt iusques à ce qu'ils en sortent. Que nous deuõs associer & cõioindre à l'Eglise qui porte les marques certaines, qui sont la pure parole de Dieu, & sincere administration des Sacremens. Que l'Eglise est l'appuy & colomne de verité. Quant à la troisieme marque, qu'aucũs adioustent, à sçauoir la successiõ ordinaire depuis le temps des Apostres, qu'elle est grandemēt à priser, pourueu qu'elle soit bien consideree & appliquee, comme les anciens s'en sont souuent aidez contre la noueauté des heretiques: mais qu'il y a vne succeßion de doctrine, & vne succeßion de personnes. Quant à celle de la doctrine, elle est à aduoüer cōme infallible: mais quant à la personnelle, on ne la doit aduoüer si elle n'est coniointe auec celle de la doctrine prophetique & apostolique, pour le moins és poincts substantiels & fondamentaux, & non autrement: Et pour ignorance, ou pour diuersité d'opinion és poincts de la doctrine, qui ne sont substantiels, & außi pour les mœurs, il ne faut laisser de tolerer vn Pasteur pour Pasteur, pourueu qu'il retienne le fondement: Que les vrais successeurs des Apostres, sont ceux, qui estans legitimement appelez, bastissent sur le fondement d'iceux: soit qu'il y ait eu vne perpetuelle succession personelle, soit qu'elle ait esté pour quelque tẽps interrompue, ou mesmes qu'ils soyent les premiers annonciateurs de l'Euangile en quelque lieu.

Qu'il y a deux formes de vocation, vne ordinaire, & vne extraordinaire: l'ordinaire estre celle, en laquelle est gardé l'ordre que Dieu a estably en l'Eglise: En laquelle y a l'examen de la doctrine & de la vie, puis l'election legitime, & finalement l'imposition des mains: l'extraordinaire, en laquelle ou l'vne de ces deux choses default, ou les deux, ou toutes les trois. De toutes les deux vocations le Seigneur auoir vsé souuentesfois.

Quant à l'Eglise, qu'elle est tellemẽt le corps du Seigneur, qu'elle est encores en partie en son pelerinage, attendant la pleine iouissance de son chef. Que telle est la maison de Dieu, mais qui se bastit encores, & croist de iour en iour: Qui est gouuernee par l'Esprit de Dieu, mais cõbatãt encores cõtre la chair: Qui est purifiee: mais c'est pour estre amenee petit à petit à ceste perfectiõ de beauté, où il n'y aura tache ny ride quelconque: Qu'elle cognoit Dieu, mais c'est en partie. Que hors l'Eglise il n'y a point de salut, puisque la vie n'est ailleurs qu'en Iesus Christ, & que iceluy ne desploye sa vertu viuifiante ailleurs qu'en ses membres, desquels l'union & assemblee s'appelle l'Eglise: Que les membres de l'eglise errẽt tous les iours en la doctrine & és mœurs. En quoy ne fault excepter les anciens Docteurs: Que les Eglises particulieres & les Conciles principaux peuuent errer: Que les Conciles depuis vn long temps congregez d'vne multitu

de

de ſi mal qualifiee, n'ont eſté cōduits par le ſaint Eſprit iuſques à ne pouuoir errer. Que l'aſſemblee des Prelats a condamné les Prophetes, vous le propre fils de Dieu, & apres luy, les Apoſtres: Que l'aſſemblee des Prelats de l'Egliſe quelque vniuerſelle qu'elle ſoit, a ſouuent eſté gouuernee par l'eſprit d'erreur pluſtoſt que par le ſaint Eſprit: Que Satan s'eſt pieça transfiguré en la lumiere des Conciles generaux pour deſguiſer ſa faulſeté: Que celuy qui n'autre fondement que la vie des hommes, & l'apparence exterieure d'vn Concile, eſt pluſtoſt en dangier d'eſtre trompé, qu'au tremēt. Que Dieu ne permet point que la verité des poincts ſubſtātiels de noſtre ſalut ſoit iamais tellement enſeuelie en toute ſon Egliſe, qu'il n'y ayt touſiours quelque nombre, maintenant plus petit maintenant plus grand, lequel entende ce qu'il fault entẽdre, & suyue ce qu'i fault suyure : Que les Concĩles anciens ne sont à condamner : mais qu'il fault que l'Escripture soit la pierre de touche, pour examiner tout ce qui se fait & dit en l'Eglise. Ce que conuient considerer deuant que fonder vne coustume cõme Apostolique : à fin de n'abuser de l'autorité ou coustume des Apostres, pour troubler les Eglises. En somme, pour conclusion il requiert, que l'Escriture discerne entre les traditions bõnes & mauuaises, saintes & prophanes, profitables & nuisible, necessaires & superflues. Et qu'encor que l'Eglise soit deuãt l'Escripture, si est-ce que ceste parole qui depuis a esté escrite, est tousiours plus anciẽne : veu que par elle est conceuë, engendree & nommee l'Eglise : Et qu'il ne fault suyure l'erreur ny de ses peres, ny de ses ancestres, ains l'authorité des es-

criptures: ausquelles seules faut auoir refuge pour prendre la fermeté de la vraye foy. Voylà sommairement la seconde harangue de Besze responsiue aux principaux poincts de l'oraison de monsieur le Cardinal de Lorraine.

FIN.

Amy Lecteur, voylà le sommaire recueil de tout ce qui a passé depuis le temps que messieurs les Prelats ont esté appelez & arrestez à l'oissy pour le faict de la Religion. Vray est qu'auparauant la conference d'entre eux & les Ministres de la parole de Dieu, ils auoyent tiré de chacun d'eux l'opinion singuliere, pour en apres de tous les particuliers iugemens composer & forger un corps Canonique: lequel ils ont depuis presenté au Roy & à son conseil pour en ordonner ce que de raison. Tout cela passera par mesme moyen que les cayers de la Noblesse & du Tiers Estat: lesquels aussi n'ont encor esté respondus. Ie prie ce bon Dieu qu'il le face la grace au Roy, à sa mere, aux Princes du sang, & à tout son conseil, de penser, dire, faite & arrester choses, qui soyent à sa gloire, & à l'auancement du regne de son fils Iesus Christ, & à l'edification & consolation de son Eglise. Ainsi soit il.

www.ingramcontent.com/pod-product-compliance
Ingram Content Group UK Ltd.
Pitfield, Milton Keynes, MK11 3LW, UK
UKHW012259240726
13966UKWH00004B/1499